José Micaelson Lacerda Morais

A lei sanguinária da mão invisível

e

o super capitalismo

Diagramação

José Micaelson Lacerda Morais

A lei sanguinária da mão invisível e o super capitalismo / José Micaelson Lacerda Morais. Amazon (Independently Published), 2022.

1. Economia política 2. Capital 3. Trabalho 4. Valor 5. Capitalismo.

Sumário

"A segurança é o conceito social supremo da sociedade burguesa, o conceito da polícia, no sentido de que o conjunto da sociedade só existe para garantir a cada um de seus membros a conservação de sua pessoa, de seus direitos e de sua propriedade. Nesses termos, Hegel chama a sociedade burguesa de 'Estado de emergência e do entendimento'.

Através do conceito da segurança, a sociedade burguesa não se eleva acima do seu egoísmo. A segurança é, antes, a asseguração do seu egoísmo.

Portanto, nenhum dos assim chamados direitos humanos transcende o homem egoísta, o homem como membro da sociedade burguesa, a saber, como indivíduo recolhido ao seu interesse privado e ao seu capricho privado e separado da comunidade. Muito longe de conceberem o homem como um ente genérico, esses direitos deixam transparecer a vida do gênero, a sociedade, antes como uma moldura exterior ao indivíduo, como limitação de sua autonomia original. O único laço que os une é a necessidade natural, a carência e o interesse privado, a conservação de sua propriedade e de sua pessoa egoísta.

Fato deveras enigmático é ver um povo que mal está começando a se libertar, a derrubar todas as barreiras que separam os diversos membros do povo, a fundar uma comunidade política, é ver esse povo proclamar solenemente a legitimidade do homem egoísta, separado do semelhante e da comunidade (*Déclaration de 1791*), e até repetir essa proclamação no momento em que a única coisa que pode salvar a nação é a entrega mais heroica possível, a qual, por isso mesmo, é exigida imperativamente, no momento em que se faz constar na ordem do dia o sacrifício de todos os interesses da sociedade burguesa e em que o egoísmo precisa ser punido como crime (*Déclaration des droits de l'homme* etc. de 1793). Esse fato se torna ainda mais enigmático quando vemos que a cidadania, a *comunidade política*, é rebaixada pelos emancipadores à condição de mero meio para a conservação desses assim chamados direitos humanos e que, portanto, o *citoyen* é declarado como serviçal do *homme* egoísta; quando vemos que a esfera em que o homem se comporta como ente comunitário é inferiorizada em relação àquela em que ele se comporta como ente parcial; quando vemos, por fim, que não o homem como *citoyen*, mas o homem como *bourgeois* é assumido como o homem propriamente dito e verdadeiro".

Karl Marx em *Sobre a questão judaica.*

Apresentação

A nossa hipótese de trabalho é a de que a razão econômica, desde Adam Smith, tem sido utilizada de forma preponderante como meio para alindar formas de apropriação privada do produto social, independentemente da configuração institucional Estado/mercado em suas diferentes proporções de coexistência histórica. Questionar a razão econômica abre novas perspectivas de análise e crítica da teoria econômica clássica e neoclássica. Assim, conseguimos enxergar para além da superficialidade dos fenômenos econômicos, como tão bem nos ensinara o próprio Marx. Podemos agora observar nitidamente as implicações sanguinárias da mão invisível sobre o processo de sociabilidade, o ilusionismo otimista das teorias do desenvolvimento econômico e o praticamente imparável monstro devorador de vidas, de sociabilidade e do planeta que se tornou o capitalismo digital-financeiro-de-vigilância. O propósito é revelar processos, meios e formas através dos quais o grande capital personificado se apropriou privadamente das instituições, inclusive do Estado, estabelecendo a partir do final do século XX uma sociedade paradoxal, pois ao mesmo tempo associal, a-histórica, apolítica e autodestrutiva.

Pela ciência e pela arte conseguimos distinguir entre essência e aparência na direção de um entendimento mais sistematizado sobre uma dada realidade histórica. Somos constantemente bombardeados pelo cinema, por exemplo, com obras puramente maniqueístas, nas quais as relações sociais relevantes se resumem ao embate do bem contra o mal. Relações sociais reais, a apropriação privada do produto social que resulta de tais relações ou o tipo de sociabilidade paradoxal e as mazelas sociais delas derivadas, quando muito são motivos de documentários para um público especializado.

Nas obras do grande circuito o mal é o mal, ou seja, tudo o que é sofrimento, miséria, destruição, entre tantas outras mazelas sociais, existe porque existe e, no final, só há uma forma de luta: esperar pelo bem na forma de um ser iluminado, de um super herói. Em muitas dessas obras, ainda, o mal quase sempre é associado a algo exterior ao ser humano (uma entidade paranormal, um ser alienígena, as forças da natureza etc). Quando o mal vem do próprio ser humano é geralmente associado a algum tipo de trauma na infância (violência, abandono, etc), a partir do qual se desencadeia ações de uma violência inominável, que nos é exposta nas telas como algo que poderia até acontecer (se ...). Independentemente do tipo de mal, no final, a humanidade sempre merece uma segunda chance, pois quando tudo parece perdido, um sentimento de amor incondicional, como fundamento da vida humana, ressurge para nos resgatar da fatalidade (algo como onde há vida há esperança independentemente do tamanho do estrago).

De forma geral, essa é a representação de mundo que nos é apresentada desde sempre, de como ele funciona. Suas implicações, quando observadas do conjunto da obra histórica do capitalismo, são socialmente e psicologicamente devastadoras: impede a existência de uma lógica comunitária (o indivíduo sempre é colocado como mais importante que o coletivo); coloca a organização social como algo exterior ao ser humano; e torna este último um tipo de fantoche (obediente e subserviente como ser no mundo do capital), sob pena de desencadear as forças do mal contra si mesmo.

Essas manifestações alienadas das relações sociais (estrutura econômica) são intrínsecas à própria forma de reprodução do capitalismo enquanto totalidade social. Essa alienação somente pode ser superada, como nos adverte Marx no *Caráter fetichista da mercadoria e seu segredo*, do livro I de *O capital*, "[...] quando as relações cotidianas da vida prática se apresentam diariamente para os próprios homens como relações transparentes e racionais que eles estabelecem entre si e com a natureza [...]". Esperamos que essa leitura contribua com mais um passo nessa direção.

1. A lei sanguinária da mão invisível

O conteúdo deste estudo poderia tratar tão somente das repercussões não desejadas do princípio da "mão invisível" sobre a sociedade ou, ainda, de reunir elementos para contestar a proposição de Smith de que o liberalismo econômico, relacionado a tal princípio, nos levaria ao melhor dos mundos. Porém, a razão (filosófica e econômica) em Smith é muito mais complexa e, a doutrina do auto-interesse, base da qual ele deriva sua proposição da mão invisível, alcançou sob o modo de produção capitalista, o posto de norma geral e universal de comportamento e conduta dos sujeitos sociais, libertando o capital de qualquer limite ético e moral.

Conforme explica Rothschild (2003, p. 135), o "[...] próprio Smith não parece ter dado grande importância à mão invisível [...]". Antes do século XX, nem os comentaristas de Smith, parecem ter dado atenção ao princípio. Segundo, ainda, Rothschild, o mesmo não foi destacado nas memórias sobre a vida e a obra do autor, de Dugald Stewart, nem nas edições da "Riqueza das Nações" de Playfair ou de McCulloch, ou ainda, nas comemorações do centenário de sua obra; "[...] É mesmo digno de nota que a expressão 'mão invisível' mal fosse conhecida no começo do século XX [...]" (ROTHSCHILD, 2003, p. 135). Foi somente no decorrer daquele século que o princípio da mão invisível adquiriu o *status* de "[...] 'a mais importante contribuição [do] pensamento econômico', para o entendimento dos processos sociais [...]", de acordo com Arrow e Frank Hahn, como observa ainda a referida autora.

Para entendemos o inexorável e real significado que tal formulação atingiu no século XX, precisamos voltar a sua obra anterior, a Teoria dos Sentimentos Morais (TSM), a qual contém sua tese de uma sociedade harmoniosa que estaria sendo construída sob a égide da simpatia e do espectador imparcial; dois conceitos centrais da TSM. Como tentaremos estabelecer a seguir, o auto-interesse, na sua formalização mais sofisticada e ideológica, a mão invisível, da Riqueza das Nações (RN), parece mesmo uma versão econômica das ideias de simpatia e do espectador imparcial, da TSM. A diferença é que nesta última, a questão social (a ordem e a harmonia sociais) apresenta-se como um princípio de moral enquanto na RN a mesma é entendida como uma questão econômica. O princípio autorregulador da sociedade perde seu conteúdo moral e assume uma dimensão econômica, porém fantasmagórica, invisível, mas de poder avassalador no contexto da generalização das trocas mercantis. Assim, o princípio da mão invisível passa a responder diretamente pela promoção da eficiência, do benefício social, enfim, da ordem e harmonia sociais. Destarte, é preciso não esquecer que as duas obras são de dimensões e temporalidades distintas: a TSM representa um tratamento filosófico do comportamento humano, enquanto a RN trata dos fundamentos econômicos de uma nova sociedade em vias de consolidação.

O estabelecimento do interesse como norma social foi, como nos esclarece Hirschman (2002, p. 63), "[...] tanto o produto de uma longa sequência do pensamento ocidental quanto um importante componente do clima intelectual dos séculos XVII e XVIII [...]". O núcleo da discussão que envolvia a tese "interesses versus paixões", pode ser identificado em autores como Pascal, Giambattista Vico, Mandeville, Bacon, Spinoza, Hume, entre tantos outros, analisados de forma minuciosa na obra "As paixões e os interesses: argumentos políticos a favor do capitalismo antes do seu triunfo", do mesmo autor da citação anterior. Mas, o que importa destacar aqui é que a formulação dada por Smith ao interesse, sintetizado no princípio da mão invisível, praticamente suplantou toda discussão anterior sobre o assunto.

A TSM, sem sombra de dúvida, é uma obra fascinante em todos os aspectos: profundidade, genialidade, originalidade, etc. Tem por objetivo discutir a luta interior do homem entre suas virtudes e seus vícios e demonstrar, ao final, que o autodomínio sobre os últimos, e a aprovação social das primeiras, constitui o caminho natural para uma sociedade melhor. O seu ponto de partida é a existência de um senso moral inato ao homem, derivado de um sentido de simpatia e da figura do espectador imparcial, características também inatas, segundo as induções de Smith. A questão social aparece como um princípio de moral, não como uma questão econômica. Então, nesse contexto, para ele, qual seria o modo moralmente correto de agir se estamos sempre divididos entre nossos vícios e nossas virtudes?

> Ao tratar dos princípios de moral é necessário considerar duas questões. Primeiro, em que consiste a virtude – ou o tom do temperamento, e o teor da conduta que constitui o caráter excelente e louvável, caráter que seja objeto natural de estima, honra e aprovação? E, segundo, por que poder ou faculdade do espírito esse caráter, seja ele qual for, se recomenda a nós? Ou, em outras palavras, como, e por que meios, sucede ao espírito preferir um teor de conduta a outro; denominar um o correto e o outro, o errado; considerar um objeto de aprovação, honra e recompensa e, o outro, de vergonha, censura e castigo? (SMITH, 2015, l. 7262).

A resposta desenvolvida por ele passa pelo entendimento de que existe um senso moral próprio à natureza humana, para além do amor próprio. Senso moral, o qual possibilita tanto a condição civil (produção de convenções artificiais para vida em comunidade, como a justiça, por exemplo), quanto a busca do "caráter excelente e louvável, caráter que seja objeto natural de estima, honra e aprovação", por todos os sujeitos sociais. A moralidade como condição humana, através de suas variadas formas de representação – como do estabelecimento de uma ordem social, em lugar de uma ordem natural, na qual a resolução de conflitos ocorre a partir do diálogo e da justiça, ao invés da violência, da promoção das virtudes para alcançar a felicidade, etc –, representa, assim, um processo. Os elementos fundamentais desse processo foram entendidos por Smith como sendo constituídos pelas ideias de simpatia e do espectador imparcial, como anteriormente citado. A simpatia, entendida como uma "correspondência de sentimentos", seria, assim, uma condição natural humana que tem como fim realizar a mediação entre nosso amor próprio (egoísmo) e nosso amor desinteressado (altruísmo); tornando possível a existência de um sentido de solidariedade, condição necessária a vida em sociedade.

> E daí resulta que sentir muito pelos outros e pouco por nós mesmos, restringir nossos afetos egoístas e cultivar os benevolentes, constitui a perfeição da natureza humana; e somente assim se pode produzir entre os homens a harmonia de sentimentos e paixões em que consiste toda a sua graça e propriedade. E assim como amar a nosso próximo do mesmo modo que amamos a nós mesmos constitui a grande lei do Cristianismo, também é o grande preceito da natureza amarmos a nós mesmos apenas como amamos a nosso próximo, ou, que é o mesmo, como nosso próximo é capaz de nos amar (SMITH, 2015, l. 1917-1918).

Embora, para Smith, o senso moral seja inato ao homem, as virtudes parecem ser resultado de um elevado grau de domínio sobre "as mais ingovernáveis paixões da natureza humana", domínio não acessível para todos. Dessa perspectiva, a sociedade aparece para o autor constituída de três classes de homens: (1) pessoas ordinárias (grau comum da moral, sem vícios nem virtudes); (2) pessoas dominadas pelas paixões (vícios); e (3) pessoas com elevado grau de sensibilidade, delicadeza e ternura (virtuosas). Para Smith, "no grau comum da moral não há virtudes".

> A amável virtude da humanidade certamente exige uma sensibilidade muito superior à que possuem as pessoas rudes e vulgares. A grande e eminente virtude da magnanimidade sem dúvida exige muito mais do que as gradações de autodomínio de que é capaz o mais fraco dos mortais. Do mesmo modo como no grau comum das qualidades intelectuais não há talentos, no grau comum da moral não há virtudes. A virtude é excelência, algo excepcionalmente grande e belo, que se eleva muito acima do que é vulgar e ordinário. As virtudes amáveis consistem no grau de sensibilidade que surpreende pela sua refinada e inesperada delicadeza e ternura. As veneráveis e respeitáveis, no grau de autodomínio que surpreende pela espantosa superioridade em relação às mais ingovernáveis paixões da natureza humana (SMITH, 2015, l. 1923-1924).

É interessante observar que simpatia não é o mesmo que benevolência, compaixão ou piedade, embora não estejam dissociadas. Benevolência, compaixão e piedade constituem a parte altruísta da simpatia. Esta se relaciona com um sentimento de solidariedade, no sentido de correspondência, concordância ou reciprocidade (perfeita harmonia) de sentimentos, da sorte de um homem pela sorte dos outros homens, como também afirmado anteriormente. Dessa forma:

> [...] toda faculdade de um homem é a medida pela qual ele julga a mesma faculdade em outro. Julgo sua visão

> por minha visão, seu ouvido por meu ouvido, sua razão
> por minha razão, seu ressentimento por meu
> ressentimento, seu amor por meu amor. Não possuo nem
> posso possuir nenhum outro modo de julgá-las (SMITH,
> 2015, l. 1788).

No capítulo II, "Da origem da ambição e da distinção social", Smith, trata da domesticação da avareza e da ambição pela simpatia. Segundo ele: "É porque os homens estão dispostos a simpatizar mais completamente com nossa alegria do que com nossa dor, que exibimos nossa riqueza e escondemos nossa pobreza" (SMITH, 2015, l. 2505). Para ele, perseguir a riqueza e evitar a pobreza é uma consideração própria dos sentimentos da humanidade, pois a primeira está associada as "alegres congratulações e solidárias atenções, enquanto a segunda ao desdém e aversão". O sentimento de aprovação derivado da simpatia tem dois aspectos: 1) a paixão solidária do espectador (de aspecto sempre agradável); e 2) outro sentimento que pode ser tanto agradável quanto desagradável, de acordo com o tipo de paixão original.

Na TSM, Smith observa, ainda, que o homem pode subsistir apenas em sociedade e que a solidariedade, como seu fundamento, pode ocorrer de duas formas. Primeiro, pelos sentimentos de amor, gratidão, amizade e estima. Segundo, por um senso de utilidade. Em relação a primeira forma, Smith, assim, discorre:

> [...] onde a ajuda necessária é reciprocamente provida pelo amor, gratidão, amizade e estima, a sociedade floresce e é feliz. Todos os seus diferentes membros estão atados entre si pelos agradáveis elos do amor e afeição, como se atraídos para um centro comum de bons serviços recíprocos (SMITH, 2015, l. 3327).

A simpatia aparece como uma necessidade intrínseca de excelência pessoal, mas tal excelência só pode existir na comparação da existência de um ser com outro. Nesse sentido, a simpatia relaciona-se com "[...] a emulação, o aflito desejo de sermos excelentes, [que] funda-se originalmente em nossa admiração pela excelência de outros [...]." (SMITH, 2015, l. 3925). A excelência é tanto causadora quanto causa de admiração de um ser pelos demais. Assim, "[...] tampouco nos satisfaz sermos admirados tão somente pelo que os outros o são; ao menos devemos acreditar que somos admiráveis pelo que elas são." (SMITH, 2015, l. 3925). Por seu turno, a satisfação proporcionada pela correspondência de sentimentos depende de nossa capacidade de nos tornarmos "espectadores imparciais de nosso próprio caráter e conduta". A figura do espectador imparcial desempenha um papel central na TSM e é tida, também, como a força centrípeta que mantém a sociedade em funcionamento. Sem o espectador imparcial não poderia existir um mínimo de ordem social, pois os sentimentos não poderiam se refletir, corresponder, entre os homens. Todavia, conforme explica Smith se tornar um espectador imparcial exige esforço:

> [...] É preciso nos esforçarmos para vê-los [caráter e conduta] com os olhos de outras pessoas, ou como outras pessoas provavelmente os verão. Vistos nessa luz, se nos aparecem como desejamos, ficamos felizes e contentes. Porém, confirma-se grandemente essa felicidade e contentamento, ao descobrirmos que outros, vendo nosso caráter e conduta com aqueles olhos com os quais nós, apenas em imaginação, esforçávamo-nos por vê-los, veem-nos precisamente sob a mesma luz em que nós os víramos. Sua aprovação necessariamente confirma a aprovação de nós mesmos. Seu louvor necessariamente fortalece nosso senso de que somos dignos de louvor. Nesse caso, o amor ao que é louvável está tão distante de derivar inteiramente do amor ao louvor, que este parece, em grande medida, pelo menos, derivar daquele, isto é, do amor ao que é louvável (SMITH, 2015, l. 3930-3931).

A segunda forma de solidariedade se dá por um senso de utilidade. Não há propriamente um desenvolvimento dessa ideia na TSM, apenas uma passagem, mas que já abre espaço para a doutrina do auto-interesse e a resultante ideia da mão invisível desenvolvida na RN, dezessete anos depois. É interessante observar essa lacuna de tempo, pois a mesma se refere a um período de intenso desenvolvimento do capital mercantil na Inglaterra.

> Mas, ainda que a ajuda necessária não seja provida por motivos tão generosos e desinteressados, ainda que entre os diferentes membros da sociedade não haja amor e afeto mútuos, a sociedade, embora menos feliz e agradável, não se dissolverá necessariamente, pois pode subsistir entre diferentes homens, como entre diferentes mercadores, por um senso de sua utilidade, sem qualquer amor ou afeto recíprocos. E embora nenhum homem que vive em sociedade deva obediência ou esteja atado a outro por gratidão, ainda assim é possível mantê-la por uma troca mercenária de bons serviços, segundo uma valoração acordada entre eles (SMITH, 2015, l. 3332-3333).

Portanto, na TSM, o mercado ("a troca mercenária de bons serviços"), aparece, ainda, muito timidamente como um princípio de organização social. Já a figura do espectador imparcial, além de proporcionar uma regra de conduta, da boa conduta, permite também, como explica Smith, no capítulo III, "da influência e autoridade da consciência", a "comparação apropriada entre nossos interesses e os de outras pessoas". Ou seja, está aberta a possibilidade da transformação do espectador imparcial no auto-interesse e, portanto, na sua determinação mais generalista, a mão invisível, como mediador geral e universal das relações sociais. Então, temos duas dimensões do espectador imparcial; uma que se refere a conduta humana e; outra que harmoniza os interesses pessoais. Todavia, na TSM, não figura ainda no pensamento de Smith uma relação entre auto-interesse e benefício econômico. Pois, segundo ele, "as falsas representações do amor de si", serão corrigidas não pelo mercado, mas pelo amor, um amor maior do que o "amor ao nosso próximo" ou à humanidade, "[...] o amor ao que é honrado e nobre, à grandeza, dignidade e superioridade de nossos próprios caracteres" (SMITH, 2015, l. 4339).

Em termos gerais, a simpatia pode ser vista como resultado da visão de mundo de Smith. Ele acreditava em uma harmonia natural na sociedade, pois a natureza havia criado o homem para a sociedade e o dotado

> [...] de um desejo original de agradar, e de uma aversão primária a ofender seus irmãos. Ensinou-o a sentir prazer com a opinião favorável destes, e a sofrer com a sua opinião desfavorável. Tornou a aprovação dos semelhantes em si mesma muito lisonjeira e agradável a ele, e sua desaprovação muito mortificante e ofensiva (SMITH, 2015, l. 3972).

Portanto, conforme Smith, é a partir do "desejo de aprovação" e de "aversão à reprovação" que a vida em sociedade acontece e se encaminha para o "verdadeiro amor à virtude" e o "real horror ao vício". Para Smith, as regras gerais da moralidade são consideradas como leis da divindade. Daí, a ideia de harmonia social, o "interesse da grande sociedade humana", aparecer em diversas palavras e ideias para referendar a simpatia e o espectador imparcial, como qualidades inatas do homem: conduta, louvor, grande diligência, ações louváveis, "evitar a sombra da censura ou repreensão", "mais louvável prudência", autodomínio, juiz interior, honra, dignidade, aprovação, "homem ideal dentro do peito", "verdadeira felicidade", virtuosidade, benevolência, "retidão de nossos próprios juízos", senso moral, "senso natural do mérito e da conveniência", generosidade, ação amável, ação respeitável, senso de dever, "respeito as regras gerais de conduta", gratidão, respeito, prudência, estima, boa vontade, autodomínio, autoestima, "[...] o sapientíssimo Autor da natureza ensinou o homem a respeitar os sentimentos e juízos de seus irmãos [...]" (SMITH, 2015, l. 4201).

Apesar das boas intenções de Smith para melhorar a sociedade, pelo uso da razão como força domesticadora das paixões e dos vícios, ele termina por elaborar tão somente um manual de etiqueta para a nova classe burguesa (sem nenhum desmerecimento do valor filosófico da sua obra). Assim, a TSM torna-se uma obra impossível de humanização apesar de toda humanidade nela contida. Porque não considera o cerne da questão social, a luta pela existência a partir das relações sociais de produção. Não que as virtudes e o bom senso, não sejam importantes no processo de socialização humana, mas que diante da luta pela existência e das lutas de classes, tornam-se, no mínimo, instrumentos de alienação.

Para ilustrar nossa análise recorremos a arte da literatura e sua força interpretativa do real dramático. Especificamente, ao livro do francês Pierre Lemaitre, intitulado *Derrapagens*, traduzido por "Recursos desumanos", que também virou série de *streaming*. Na trama, a partir de eventos dramáticos, e de uma série de conflitos éticos e morais, envolvendo o protagonista (um desempregado de meia idade) e uma grande corporação, está a questão do desemprego, da precarização do trabalho, da dificuldade de contratação formal de trabalhadores acima dos cinquenta anos, do poder e da moral das grandes empresas no capitalismo neoliberal. O último diálogo, apresentado a seguir, por ser mais enxuto, foi extraído da série. Acontece entre o protagonista, Alain Delambre e Alexandre Dorfmann, o CEO da *Exxyal Europe*. O ponto de partida da trama é uma situação em que a empresa pretendia usar Delambre para conduzir uma simulação de sequestro (com bombas, armas de fogo, simulação da morte do CEO, ...) da alta cúpula da empresa, sob o pretexto de que assim ele ganharia um emprego. O experimento visava testar a fidelidade dos seus executivos e, principalmente, selecionar um deles para uma difícil missão: conduzir um plano de demissão de 1.200 trabalhadores, numa de suas filiais, localizada no interior da França. Durante o sequestro, Delambre, inverte o jogo e se aproveita para transferir uma quantia significativa do dinheiro ilegal da empresa para paraísos fiscais.

Dorfmann – "Sabe por que o Sr. e eu somos mais parecidos do que pensa? Acha o sistema neoliberal inumano e baseado na ganância, que cria a pobreza para enriquecer os ricos. Sempre o mesmo discurso. Mas, quando o dinheiro lhe é apresentado, o Sr. é o primeiro a correr atrás dele. Quando há dinheiro envolvido o Sr. está pronto para deixar sua esposa na mão de assassinos. Sabe porque somos mais parecidos do que pensa? Simplesmente porque somos humanos, mais parecidos com lobos do que com ovelhas. Nós protegemos nosso território, nossa família, a comida que temos ou que cobiçamos.

Estamos prontos para tudo, somos capazes de qualquer coisa. Olhe, até os 20 milhões de euros que o Sr. considera seus porque os roubou de nós. Mas, seu comportamento pode ser visto como inumano, ganancioso e imoral."

Delambre – "A moralidade Sr. Dorfmann é luxo para os privilegiados. Na verdade, seu sistema mentiu para mim, me manipulou, me usou, estava pronto para se livrar de mim sem pensar duas vezes. O dinheiro não é meu porque o roubei, é meu porque eu o ganhei."

O diálogo acima é de um simbolismo revelador, apesar de se tratar de uma obra de ficção (exemplos do mundo real dos desdobramentos do princípio da mão invisível serão ilustrados mais ao fim do texto). Retrata um conflito que está muito além da ética, da moral, das virtudes e dos vícios. Retrata, em uma palavra, não a busca da virtude e da felicidade, mas uma luta feroz, desigual e de uma crueldade inominável à razão humana: o capital na sua busca incansável e insaciável de dominação, exploração e acumulação; o trabalho, no sentido de pura sobrevivência, em um "admirável mundo novo", de formas cada vez mais precarizadas de trabalho, novas formas de expropriação e de expulsões. Se, por um lado, a simpatia e o espectador imparcial, existentes no homem, não foram suficientes para um processo de humanização diferente; por outro, o auto-interesse e a mão invisível, conduziram a sociedade humana a um grau de distopia só comparado ao mundo pós-apocalíptico das obras do gênero.

Na RN, o auto-interesse aparece como uma força que domina as paixões e as domestica para a realização do homem enquanto ser, de forma que o processo e o progresso econômicos aparecem como fundamentos dessa razão. Isso, porque, o interesse insere um "elemento de constância e previsibilidade no comportamento humano", em contraste com "o caráter flutuante e imprevisível" das paixões, como bem nos esclarece Hirschman (2002). A razão assume, portanto, o papel de transformar o egoísmo e a avareza nos fundamentos de uma nova sociedade, visto que estão diretamente relacionados ao novo padrão de riqueza, derivado do desenvolvimento do comércio e da manufatura. Assim, comércio (e a burguesia) deixa de ser uma atividade mal vista, até então, e torna-se causa de progresso; inclusive da boa administração pública, ou seja, um elemento para o aprimoramento do país, como destaca o próprio Smith na RN:

> [...] o comércio e as manufaturas introduziram gradualmente a ordem e a boa administração e, com elas, a liberdade e a segurança dos indivíduos, entre os habitantes do campo, que até então haviam vivido mais ou menos em um estado contínuo de guerra com os vizinhos, e de dependência servil em relação a seus superiores. Embora esse fator seja o último aqui apontado, é sem dúvida o mais importante de todos [...] (SMITH, 1996, p. 400).

No caso da ideia da mão invisível, quando Smith usou o termo na RN, ele o fez em um contexto muito específico, no momento em que tratou do comércio internacional no capítulo II, "Restrição à importação de mercadorias estrangeiras que podem ser produzidas no país", do livro quarto, "Sistema de economia política". Mal sabia ele que naquele momento formulara um princípio que mais tarde seria transformado em "verdadeira lei", imposta e defendida a todo custo no movimento de reprodução ampliada do capital. Uma poderosa chave heurística que abarca toda sua grande obra e na qual, também, repousa o sustentáculo ideológico do capitalismo. O princípio da mão invisível foi, assim, até que de forma um tanto despretensiosa exposto por ele:

> Portanto, já que cada indivíduo procura, na medida do possível, empregar seu capital em fomentar a atividade nacional e dirigir de tal maneira essa atividade que seu produto tenha o máximo valor possível, cada indivíduo necessariamente se esforça por aumentar ao máximo possível a renda anual da sociedade. Geralmente, na realidade, ele não tenciona promover o interesse público nem sabe até que ponto o está promovendo. Ao preferir fomentar a atividade do país e não de outros países ele tem em vista apenas sua própria segurança; e orientando sua atividade de tal maneira que sua produção possa ser de maior valor, visa apenas a seu próprio ganho e, neste, como em muitos outros casos, é levado como que por mão invisível a promover um objetivo que não fazia parte de suas intenções. Aliás, nem sempre é pior para a sociedade que esse objetivo não faça parte das intenções do indivíduo. Ao perseguir seus próprios interesses, o indivíduo muitas vezes promove o interesse da sociedade muito mais eficazmente do que quando tenciona realmente promovê-lo. Nunca ouvi dizer que tenham realizado grandes coisas para o país aqueles que simulam exercer o comércio visando ao bem público. Efetivamente, é um artifício não muito comum entre os comerciantes, e não são necessárias muitas palavras para dissuadi-los disso (SMITH, 1996, p. 438).

Todavia, a natureza e as implicações da grande obra de Smith, para a teoria econômica e para a sociedade, talvez tenham sido reveladas de forma bastante contundente por um breve artigo escrito, ainda, nos idos de 1870. Trata-se de *The political economy of Adam Smith*, de T. E. Cliffe Leslie, publicado na *Fortnightly Review*. Segundo Leslie, o grande problema da filosofia social de Smith e, consequentemente, da sua teoria econômica está na sua fundamentação na doutrina do Direito Natural. Nesse sentido, a Economia Política para Smith seria um "conjunto comprovado de leis da Natureza". Todavia, a Economia Política é uma Ciência Histórica, ela não é como acertadamente afirma Leslie:

> [...] um corpo de leis naturais [...] ou de verdades universais e imutáveis, mas um conjunto de especulações e doutrinas que são o resultado de uma história particular, colorida pela história e o caráter de seus principais escritores; que, longe de ser universal e imutável de época em época, tem variado muito em diferentes idades e países, e até mesmo com diferentes expositores em uma mesma época e país [...] (LESLIE, 1870, n.p).

Leslie (1870), enfatiza que a interpretação da RN não pode ser realizada de forma adequada se não se considerar o "sistema completo de filosofia social" do seu autor, que inclui Teologia Natural, Filosofia do Direito, Ética e Economia Política, como de certa forma procuramos empreender neste estudo. De forma geral, a teoria econômica de Smith "[...] sugere, uma organização 'natural' completa do mundo econômico, e visa a descoberta de 'preços naturais', 'salários naturais' e 'lucros naturais'" (LESLIE, 1870, n.p).

> No final do Livro IV da 'Riqueza das Nações' encontramos o Código da Natureza e suas instituições definitivamente marcadas: 'Todos os sistemas de preferência ou de restrição sendo completamente eliminados, o sistema óbvio e simples de liberdade natural se estabelece por si mesmo. De acordo com o sistema de liberdade natural, o Estado tem apenas três deveres para atender': a saber, proteger a nação de agressões estrangeiras, administrar a justiça e manter certas grandes instituições fora do alcance das empresas individuais e uma suposta limitação natural de direito e de governo que tem sido a causa de erros infinitos tanto na economia política teórica quanto na legislação prática (LESLIE, 1870, n.p).

O resultado da filosofia social de Smith é uma "economia benéfica e equitativa" e que promove a

> maior quantidade possível de felicidade" entre os indivíduos. A natureza humana torna-se uma "crença religiosa", no sentido de que os comportamentos, "[...] de ácordo com a natureza de seu Divino Autor, tendem

necessariamente para os empregos mais benéficos das faculdades e recursos do homem". Assim, o mundo moral seria a representação social do mundo físico com suas presumidas características da concepção clássica da Natureza: "simplicidade, harmonia, ordem e igualdade (LESLIE, 1870, n.p).

Não resta dúvida de que a contribuição de Smith para o entendimento e explicação dos processos econômicos foi fundamental. Os conceitos, definições, o estabelecimento de relações, como, por exemplo, entre divisão do trabalho e extensão dos mercados, a formulação de uma teoria do valor (o valor-trabalho), da formação dos preços de mercado etc., tornam a sua obra seminal. Em um plano mais amplo Leslie (1870, n.p), nos revela que:

[...] Ele submeteu os fenômenos da história e do estado existente do mundo a uma investigação minuciosa, traçou o progresso econômico real de diferentes países, as influências das leis de sucessão e da distribuição política da propriedade, a ação e a reação do setor jurídico e industrial mudanças, e os movimentos reais dos salários e lucros, na medida em que puderam ser verificados. Tampouco ficou satisfeito com as induções a partir de evidências escritas, embora fosse necessariamente o campo mais importante da investigação indutiva na filosofia social – ele comparou todos os fenômenos que a observação pessoal cuidadosa, tanto em seu próprio país quanto na França, colocara sob sua visão. Em suma, ele acrescentou à experiência da humanidade uma grande experiência pessoal para a investigação indutiva.

Todavia, suas conclusões e recomendações fundadas no respeito a "constituição benéfica da Natureza", tanto justificaram uma distribuição injusta da riqueza social quanto promoveram a existência de um Estado para o qual "[...] por uma lei natural os interesses dos indivíduos se harmonizavam com os interesses públicos [...]" (LESLIE, 1870, n.p). Neste aspecto, como constata o referido autor "[...] o dano feito na economia política [...] foi incalculável. Para ele, porque "[...] os reais interesses que determinam a produção e, posteriormente, no curso do consumo, em grande parte, a distribuição da riqueza são os interesses dos consumidores [...]". Para nós, porque formulou a ideia de um sistema econômico que servia basicamente a interesses individuais (tendo a doutrina do auto-interesse com seu fundamento e suporte), em contraposição aos interesses coletivos.

Na interpretação do Sr. Buckle, citado por Leslie (1870, n.p), "[...] Smith generaliza as leis da riqueza, não a partir dos fenômenos da riqueza, mas de fenômenos do egoísmo. Ele torna os homens naturalmente egoístas; ele os representa como perseguidores de riqueza para objetos sórdidos e para os prazeres pessoais mais estreitos." Leslie (1870, n.p), descreve, assim, a obra de Smith como um completo "sistema econômico de liberdade natural". Smith foi fiel ao espírito histórico de sua época, pois representava luta real que acontecia entre a burguesia e os senhores feudais em torno da: "[...] ideia de liberdade civil e religiosa, de resistência ao governo arbitrário e leis desiguais, de confiança na razão individual e julgamento privado em oposição aos ditames da autoridade externa [...]". Leslie justifica tal modo de pensar de Smith a partir do seguinte argumento:

> Ao longo da história, e por toda a Europa, ele não viu nada além de desordem e miséria na legislação humana que o mundo havia conhecido, onde quer que fosse além de proteger a liberdade pessoal e propriedade; ele viu em todos os lados uma massa de pobreza atribuível à interferência do Estado; as únicas fontes de qualquer riqueza e prosperidade que existiam eram os motivos naturais para a indústria e os poderes naturais de produção dos homens individuais, e ele concluiu que nada era necessário a não ser deixar a Natureza sozinha, que existia harmonia completa entre o indivíduo e o interesses públicos, e que a conduta natural da humanidade assegurasse não apenas a maior abundância, mas uma distribuição igualitária da riqueza. Ele pensava

> ter encontrado nos seus fenômenos uma prova positiva da
> Lei da Natureza e do caráter de seus atos (LESLIE, 1870,
> n.p).

Constata-se, assim, uma ambivalência no pensamento de Smith. No terreno da teoria ela foi resultado de uma combinação entre "investigação indutiva" e as "leis da Natureza e de Deus". Estas últimas exerceram tanta força no pensamento do autor que o fez ver, como percebeu Leslie (1870, n.p), "[...] em todas as suas induções as provas de um código completo da natureza, de uma ordem benéfica da natureza fluindo da liberdade individual e dos desejos e disposições naturais dos homens [...]."

Smith foi ambivalente também em relação ao capitalismo nascente, como constatou Hirschman (2002). Nesse caso, a ambivalência resultava do seu interesse em "[...] descobrir e enfatizar os resultados involuntários da ação humana [...].". Por exemplo, no livro I ele enaltece a divisão social do trabalho e, no livro IV, discorre sobre "[...] a perda do espírito marcial e das virtudes como uma das infelizes consequências tanto da divisão do trabalho quanto do comércio em geral [...]" (HIRSCHMAN, 2002, p. 126). Para Smith, então, o espírito comercial também tinha lá também suas desvantagens, mas nada que gravemente esmaecesse seu brilho. De suas *Lectures*, Hirschman (2002, p. 127), destaca a seguinte citação: "[...] Essas são as desvantagens do espírito comercial. As mentes dos homens são limitadas, e tornadas incapazes de elevação. A educação é desprezada, ou pelo menos negligenciada, e o espírito heroico é quase totalmente extinto. A correção dessas falhas seria um assunto digno de uma séria atenção."

Por fim, e, mais grave, foi que o iluminismo de Smith o levou a formular a Economia Política como uma "ciência das trocas" baseada no "esforço natural de cada indivíduo para melhorar sua própria condição". Nesse contexto, o trabalho individual assume o papel de repartir as funções sociais "espontaneamente da melhor maneira, e distribuir [...] seus produtos em uma ordem natural e com maior igualdade [...]" (LESLIE, 1870, n.p). Todavia, como podemos inferir "[...] nenhuma organização completa para a distribuição da riqueza é feita por ação individual, ou o que Adam Smith chamou de Natureza [...] as instituições humanas, leis de propriedade e sucessão, são necessariamente os principais órgãos na determinação de sua distribuição" (LESLIE, 1870, n.p). Ou seja, não existe socialmente, como pensava Smith, uma "ordem segundo a qual sua produção [forças produtivas do trabalho] é naturalmente distribuída entre as diversas categorias do povo", isto é, entre diferentes classes, como sugere o sumário do livro I da "Riqueza das Nações." Mas, essa já era uma ideia poderosa demais, aparentemente confirmada pela experiência individual e, mais importante, representava os interesses da classe capitalista em ascensão. Todavia, o método indutivo e o espírito filosófico de Smith poderiam ter o levado por um caminho de análise distinto, como comenta Leslie (1870, n.p).

> [...] ele deveria ter negado a igualdade real de salários e lucros, rastreado as grandes desigualdades reais até suas causas e definido as condições de igualdade e desigualdade, e o efeito real de progresso industrial nesses movimentos, de modo a indicar a divergência muito progressiva ocorrida desde então, e que uma escola de economistas modernos não apenas ignora, mas às vezes nega com raiva, como inconsistente com suas deduções a priori.

Apesar de Smith não ter seguido um caminho de análise distinto, em sua ambivalência ele contribuiu com diversas pistas para que pensadores posteriores pudessem empreender uma crítica científica do capitalismo. Talvez, uma ironia da história para com o próprio Smith, pois tais pistas aparecem meio que como resultados involuntários da sua teoria. Em síntese, o iluminismo de Smith apresenta-se como a realização da liberdade individual, como que uma disposição para independência do indivíduo. Todavia, para ele não existe uma correspondência direta entre "disposição iluminada" e liberdade, isso porque as intenções dos indivíduos "revelam-se mesquinhas e fúteis". Sendo assim, a realização da liberdade individual aparece como uma realização não intencional dos indivíduos promovida por um interesse universal (a mão invisível como a mão de Deus). A iluminação era, assim, um privilégio para poucos. Como visto anteriormente, a mão invisível tem como fundamento a doutrina do interesse: a ideia do auto-interesse como chave para a compreensão da ação humana; a transformação do vício da avareza na virtude do bem estar social. Doutrina que procurou explicar uma nova sociedade, baseada numa nova razão, a razão econômica, e que tinha como regra elementar de conduta para o indivíduo, a busca sem limites de valor econômico. Dessa forma, foi com a sistematização econômica de Smith, que "na sua forma limitada e domesticada, a ideia do aproveitamento [da mobilização das paixões] foi capaz de sobreviver e prosperar tanto como um dos princípios do liberalismo do século XIX quanto como uma construção fundamental da teoria econômica" (HIRSCHMAN, 2002, p.40). Pois, foi capaz de estabelecer uma "[...] poderosa justificativa econômica para a busca desenfreada do interesse próprio individual [...]" (HIRSCHMAN, 2002, p.120).

Como já comentamos em outra oportunidade, o eminente Professor Giannetti, em 1993, publicou um livro no qual procurava enquadrar a Economia em uma perspectiva ética. A sua tese é a da "ética como fator produtivo", determinante do desempenho econômico, da riqueza da nação, e sua proposição central é a de que: "[...] a presença de valores morais e a adesão a normas de conduta são requisitos indispensáveis para que o mercado se firme como regra de convivência civilizada e se torne, alimentado pelo desejo de cada indivíduo de viver melhor, uma interação construtiva na criação de riqueza" (GIANNETTI, 1993, p. 154).

Infelizmente, parece não existir sustentação no mundo do capitalismo real para o argumento do professor Giannetti. Simplesmente, porque quando confrontamos a "ética como fator produtivo" com o "fetiche do dinheiro" (mistificação do dinheiro), é a busca desenfreada do interesse próprio individual que parece sempre prevalecer. A dinâmica capitalista eleva o auto-interesse a uma posição muito além do princípio autorregulador previsto para a mão invisível, muito acima de qualquer comportamento ético e moral. Pois, o dinheiro "enquanto conceito existente e atuante de valor", como Marx, ainda muito jovem, constatou:

> [...] se apresenta também contra o indivíduo e contra os vínculos sociais etc., que pretendem ser, para si, essência.

> Ele transforma a fidelidade em infidelidade, o amor em ódio, o ódio em amor, a virtude em vício, o vício em virtude, o servo em senhor, o senhor em servo, a estupidez em entendimento, o entendimento em estupidez" (MARX, 2008, p. 160).

Em síntese, a ideia da mão invisível se apresenta como um extraordinário disfarce para encobrir o real sentido das relações sociais de produção no capitalismo (bem como sobre a natureza e o papel do Estado). Em conclusão, podemos encontrar, ainda que de forma implícita, uma teoria da servidão econômica capitalista na grande obra de Smith. Ele se pergunta: "quais são os salários comuns ou normais do trabalho?" (SMITH, 1996, p. 118). Depois de uma longa digressão sobre os embates entre operários e patrões, ele conclui que o preço real (natural) do trabalho é o de subsistência do trabalhador. Pois, "[...] embora nas disputas com os operários os patrões geralmente levem vantagem, existe uma determinada taxa abaixo da qual parece impossível reduzir por longo tempo os salários normais, mesmo em se tratando do tipo de trabalho menos qualificado [...]" (SMITH, 1996, p. 120).

A naturalização do salário contradiz toda esperança no capitalismo como uma formação social de homens livres. Primeiro, porque condiciona o trabalhador assalariado a uma participação mínima no produto social, ou seja, todo o excedente econômico apesar de ser fruto do seu trabalho é apropriado de forma privada por uma classe "especial" de homens, os capitalistas. Segundo, porque a ideia de liberdade derivada dessa relação social não é substantiva, como tal sua essência consiste tão somente em uma negação, seja de um estado de servidão ou de escravidão. A combinação de auto-interesse e liberdade apresenta-se ao trabalhador assalariado apenas como uma "promessa"; de uma possível maior participação no resultado da riqueza material da sociedade. Todavia, somente aos capitalistas tal combinação pode favorecer, pois eles são os beneficiários diretos do excedente econômico (pela propriedade privada dos meios de produção e subsistência), enquanto aos trabalhadores assalariados cabe apenas a parcela que corresponde a sua reprodução como classe necessária à produção de tal excedente. Logo, auto-interesse e liberdade, generalizados sob o manto da mão invisível, apresentam-se tão somente como constructos sociais; uma forma ideológica de justificar a apropriação do excedente econômico por uma classe em detrimento do conjunto da sociedade.

Assim, o capitalismo apresenta-se desde seu início tendo por fundamento e essência a apropriação privada do produto social; sua grande diferença em relação as formas de produção e apropriação anteriores está na aparente liberdade do indivíduo, em especial do sujeito social produtor de valor, o trabalhador assalariado, estabelecida através da figura da igualdade jurídica. Todavia, historicamente constatamos que igualdade jurídica sem uma correspondente igualdade econômica (rendimentos igualitários para o conjunto dos sujeitos sociais diferentemente da forma trinitária de repartição capitalista entre lucro-juro, salário e renda da terra), no contexto de um elevado desenvolvimento das forças produtivas, pode produzir e produziu, uma quantidade de riqueza material inimaginável, porém, para poucos, e a um extraordinário custo social, humano e ambiental.

Dando um salto para a nova globalidade, Lefebvre (1973, p. 97), já alertava que esta tinha "[...] como sentido e como fim a re-produção das relações de produção, mais ainda que o lucro imediato ou o crescimento da produção [...]". Por sua vez, ela é acompanhada por uma "modificação qualitativa profunda nessas relações", reforçando-as em seus aspectos de exploração, expropriação e predação. A vontade de poder, refletidas nas "capacidades de coação e de violência", a partir do poderio econômico, assume um aspecto central nas estratégias de "busca do superlucro", na condução do Estado e nas relações internacionais. Por seu turno, como destaca ainda o referido autor, "as leis econômicas e sociais perdem o aspecto físico (natural) descrito por Marx e, portanto, cego e espontâneo"; e tornam-se cada vez mais intencionais (estabelecidas para atender propósitos específicos do capital).

A nova classe global, derivada do processo acima descrito e adensada pelo regime de acumulação capitalista digital-financeiro tem contribuído para o estabelecimento de novas formas de apartheid: um mundo no qual a classe baixa simplesmente não existe. Žižek (2011, p. 18) cita como exemplos concretos desse processo Xangai e São Paulo.

> Na China contemporânea, os novos-ricos construíram comunidades isoladas de acordo com o modelo idealizado de uma cidade ocidental "típica"; perto de Xangai, por exemplo, há uma réplica "real" de uma cidadezinha inglesa, com uma rua principal, *pubs*, uma igreja anglicana, um supermercado *Sainsbury* etc.; a área toda é isolada das cercanias por uma redoma invisível, mas nem por isso menos real. Não há mais hierarquia de grupos sociais dentro da mesma nação: os moradores dessa cidade vivem num universo em que, em seu imaginário ideológico, o mundo circundante da "classe baixa" simplesmente não existe [...] São Paulo [...] ostenta 250 helipontos em sua área central. Para evitar o perigo de se misturar com gente comum, os ricos de São Paulo preferem utilizar helicópteros, de modo que, olhando para o céu da cidade, temos realmente a impressão de estar numa megalópole futurista do tipo que se vê em filmes como *Blade Runner* ou *O quinto elemento*: as pessoas comuns enxameando as perigosas ruas lá embaixo e os ricos flutuando num nível mais alto, no céu.

A amplitude dos 10 maiores salários dos CEOs (*Chief Executive Officer*) norte-americanos, no início da década de 2000, variava entre U$ 16,8 milhões anuais

(James McNerney) e 52,2milhões (Ray Irani). Em 2012, os salários dos CEOs das grandes empresas ultrapassavam a média de US$ 10,5 milhões ao ano. Como justificar que um único indivíduo detenha um patrimônio de US$ 43 bilhões, mais um pacote de bônus e ações de uma empresa estimados em US$ 96 milhões, como é o caso de Larry Elison, cofundador e CEO da *Oracle* e a 5ª pessoa mais rica do mundo? Nesse sentido, Sassen (2010) descreve uma nova geografia de centros e margens, que reproduze amplia as desigualdades existentes (segmentação social, salarial, racial ou étnica): "os trabalhadores com maior formação educacional no setor corporativo enxergam sua renda aumentar a níveis inusitados, enquanto os operários e trabalhadores com pouca ou média formação enxergam a sua afundar" (SASSEN, 2010, p. 95).

No contexto dos desdobramentos do novo processo de acumulação do século XXI, Sassen, em outro livro, "Expulsões", de 2014, trata do que ela denominou de "novas lógicas de expulsão". O título de sua introdução já se apresenta bastante sugestivo, "a seleção selvagem". Para ela, essa nova fase do capitalismo avançado reinventou os mecanismos de acumulação primitiva, seja através de inovações que aumentaram a capacidade de extração de recursos naturais, resultando em extensões cada vez maiores de terras e águas mortas; seja através de operações complexas e de muita inovação especializada, relacionadas, por exemplo, a logística das terceirizações ou ao algoritmo das finanças, fazendo ressurgir formas extremas de pobreza e brutalização social.

> Enfrentamos um terrível problema em nossa economia política global: o surgimento de novas lógicas de expulsão. Nas duas últimas décadas, houve grande crescimento da quantidade de pessoas, empresas e lugares expulsos das ordens sociais e econômicas centrais de nosso tempo. Essa guinada em direção à expulsão radical foi possibilitada por decisões elementares em alguns casos; em outros, por algumas de nossas conquistas econômicas e técnicas mais avançadas. O conceito de expulsões leva-nos além daquela ideia que nos é familiar da desigualdade crescente como forma de entender as patologias do capitalismo global atual. Também põe em primeiro plano o fato de que algumas formas de conhecimento e inteligência que respeitamos e admiramos muitas vezes estão na origem de longas cadeias de transação que podem terminar em simples expulsões (SASSEN, 2016, p. 9).

O capitalismo do século XXI, já encaminhando seu processo de acumulação para uma nova transformação (de natureza quântica), configura-se por uma nova forma de produção e extração de riqueza, de saber e de poder; capaz de criar também novas e cada vez mais sofisticadas formas de geração de valor, dinâmicas de acumulação e relações sociais baseadas na exploração do trabalho, expropriação de direitos sociais, expulsões e predação de recursos naturais. Desvincular a mão invisível de seu fantasioso aspecto idílico e revelar o quanto de sangue já derramou e continua a derramar deveria ser a preocupação central da Ciência Econômica enquanto uma ciência social.

Os desdobramentos da ideia da mão invisível chegaram ao seu limite; colocaram a humanidade de joelhos. Resta saber se há humanidade suficiente na humanidade (e tempo suficiente) para que esta, finalmente, possa se emancipar pelas suas próprias mãos; e deixar de ser comandada por uma mão que ela não pode enxergar, mas que até aqui decidiu impiedosamente o seu destino. Por último, precisamos nos despir de nossos preconceitos e de nossa soberba intelectual e nos voltar para Marx. Ele, como ninguém, com esforço sobre-humano e enorme custo pessoal nos revelou através de sua teoria do valor e do mais-valor as entranhas do modo de produção capitalista. Pois, é dessa porção mais profunda, do sentido da exploração do trabalho como forma de sociabilidade nesta sociedade, que poderemos pensar e pôr em prática uma sociabilidade nova, livre de exploração, se é que esta seja uma tarefa possível a nós enquanto seres movidos ao mesmo tempo por pulsões de vida e de morte.

Referências

FONSECA, Eduardo Giannetti. Vícios privados, benefícios públicos? A ética na riqueza das nações. São Paulo: Companhia das Letras, 1993.

HIRSCHMAN, Albert O. As paixões e os interesses: argumentos políticos a favor do capitalismo antes do seu triunfo. Rio de Janeiro: Record, 2002.

LEMAITRE, Pierre. Recursos desumanos: ele só queria um emprego de volta. Gutenberg Editora; 1ª edição (11 agosto 2020). Formato Kindle.

LEFEBVRE, Henri. A re-produção das relações de produção. Porto: Publicações Escorpião, 1973. (Cadernos O homem e a sociedade).

LESLIE, T. E. Cliffe. The political economy of Adam Smith. London: Fortnightly Review, november 1,

1870. Disponível em: https://socialsciences.mcmaster.ca/~econ/ugcm/3ll3/leslie/leslie01.html

MARX, Karl. O Capital: crítica da economia política. Livro I: o processo de produção do capital. 2ª ed. São Paulo: Boitempo, 2017.

______. Manuscritos econômicos-filosóficos. São Paulo: Boitempo, 2008.

ROTHSCHILD, Emma. Sentimentos econômicos: Adam Smith, Condorcet e o Iluminismo. Rio de Janeiro: Record, 2003.

SASSEN, Saskia. Sociologia da globalização. Porto Alegre: Artmed, 2010.

______. Expulsões. Rio de Janeiro, 2016.

SMITH, Adam. A riqueza das nações: investigação sobre sua natureza e suas causas. Editora Nova Cultural: São Paulo, 1996.

________. Teoria dos sentimentos morais: ensaio para uma análise dos princípios pelos quais os homens naturalmente julguem a conduta e o caráter, primeiro de seus próximos, depois de si mesmos. 2ª ed. São Paulo: Editora WMF Martins Fontes, 2015. Formato Kindle.

ŽIŽEK, Slavoj. Primeiro como tragédia, depois como farsa. São Paulo: Boitempo, 2011.

3. O super capitalismo

Procuramos neste texto abordar a separação entre valor e mais-valor na perspectiva da seção I, do livro 3, de O capital, que trata da "transformação do mais-valor em lucro e da taxa de mais-valor em taxa de lucro". A sua importância reside em tentar demonstrar que a separação entre valor e mais-valor, a financeirização e a digitalização da economia, em conjunto, podem constituir uma nova configuração de reprodução ampliada do capital. De certa forma, muitos estudos já demostraram como a financeirização da economia deslocou a importância da produção material no processo de acumulação de capital. Simplesmente adicionamos a esse contexto os resultados mais recentes da última revolução tecnológica.

Conforme explica Marx no livro III, de O capital, o valor de cada mercadoria, produzida de forma capitalista, é dada pela fórmula M = c + v + m, onde, c é o capital constante, v é o capita variável, e m é o mais-valor. A partir dessa fórmula ele diferencia o "valor de reposição em mercadoria para o valor capital" ou o preço de custo da mercadoria, dado por c + v, do "valor-produto" ou "custo de produção". Portanto, Marx diferencia o que a mercadoria custa ao capitalista do que a mercadoria custa a sua própria produção. Essa diferença se torna mais clara quando o autor afirma que "[...] o custo capitalista da mercadoria se mede pelo dispêndio de capital, e o custo real da mercadoria, pelo dispêndio de trabalho [...]" (MARX, 2017b, p. 54). Dessa forma, o preço de custo tanto aparece para o trabalhador como o custo real da própria mercadoria quanto "assume a falsa aparência de uma categoria da própria produção de valor". Pois, se o preço de custo é dado por p = c + v, a fórmula M = c + v + m, assume a forma M = p + m, logo p = M − m. O mais-valor, m, aparece assim como um excedente do valor da mercadoria acima de seu preço de custo, simbolizando "[...] um crescimento do valor do capital que é despendido na produção da mercadoria e que retorna de sua circulação" (MARX, 2017b, p. 59). Para o capitalista esse crescimento deriva do próprio capital, pois ele passou a existir após o processo de produção, portanto, teve "origem nos empreendimentos produtivos realizados pelo capital". Para o trabalhador, "[...] a parcela variável de valor do adiantamento do capital que paga o valor ou o preço de todo o trabalho despendido na produção [...]" (MARX, 2017b, p. 57).

Para completar seu raciocínio, isto é, para mostrar a forma mistificada da produção do valor no capitalismo, Marx supõe inicialmente que mais-valor é igual a lucro, ou seja, m = l. Assim, se M = c + v + m, sendo p = c + v, de forma que M = p + m, e, sendo, ainda, m = l, logo, M = p + l. Conclui Marx (2017b, p. 62):

> [...] pelo fato de que na formação aparente do preço de custo não se percebe qualquer diferença entre capital constante e capital variável, a origem da alteração de valor que ocorre durante o processo de produção precisa ser deslocada da parte variável do capital para o capital total. Uma vez que num polo o preço da força de trabalho

aparece na forma transformada do salário, no polo oposto
o mais-valor aparece na forma transformada do lucro.

O mais-valor assume a forma mistificada de lucro e, assim, este se apresenta no mundo das trocas e da produção; apenas como uma "soma de valor desembolsada para gerar lucro" ou de um "lucro engendrado", "porque uma soma de valor" foi empregada como capital. Desse modo, parece que o mais-valor deriva da venda de mercadorias acima do seu valor e não da diferença entre valor de troca e valor de uso da força de trabalho.

Se, $M = p + l$, e, $l = 0$, $M = p$. Assim, o limite mínimo do preço de venda é dado pelo preço de custo da mercadoria; $M = c + v$. No polo oposto, tem-se a situação da mercadoria ser vendida pelo valor-mercadoria, ou seja, $M = c + v + m$. Nesse caso, $p = M - m$, implica que sendo a mercadoria vendida pelo seu valor o capitalista realiza um lucro igual ao "excedente de seu valor acima de seu preço de custo". Portanto, "[...] entre o valor da mercadoria e seu preço de custo, é claramente possível uma série indeterminada de preços de venda. Quanto maior o elemento do valor-mercadoria constituído de mais-valor, maior o campo de ação para a prática desses preços intermediários." (MARX, 2017b, p. 62). Marx, assim, conclui que preço de venda e preço de custo são coisas diferentes. Uma situação em que $m = 0$, constitui um "caso que jamais ocorre com base na produção capitalista", como explica o próprio autor: "[...] seria absolutamente falso pressupor que, se todas as mercadorias fossem vendidas por seu preço de custo, o resultado seria o mesmo que se todas elas fossem vendidas acima de seu preço de custo, mas por seu valor [...]" (MARX, 2017b, p. 65).

Marx, no capítulo 4 do livro I, de O capital, "A transformação do dinheiro em capital", formulou sua teoria da exploração revelando toda a força da teoria do valor-trabalho como categoria de análise econômica. Ele nos mostra de forma lógica, considerando o valor como resultado de relações sociais historicamente específicas, como a produção capitalista transforma uma troca de equivalentes numa troca de não equivalentes, a partir do valor de uso da força de trabalho. A equivalência como princípio das trocas é, assim, mantida na esfera da circulação, na qual ocorre a troca da força de trabalho por salário. A não equivalência é um resultado implícito, porque encontra-se escondida na sutil diferença entre trabalho e força de trabalho; entre a formação de valor e o processo de sua valorização. Na aparência, o capitalista fez um pagamento justo, pois pagou o preço de trabalho determinado pelo mercado. Na essência, a coisa é outra. A utilização da força de trabalho durante uma jornada de trabalho não corresponde à "justiça" do mercado. Porque a produção de uma jornada de trabalho gera um valor acima do salário estabelecido pelo mercado, gera um mais-valor que é apropriado não pelo trabalhador, mas pelo capitalista. Estava, então, formulada a teoria do mais-valor, a teoria da exploração do trabalho no capitalismo. Veja que exploração nada tem a ver nem com as condições de trabalho ou com baixos salários. Ela está relacionada a diferença entre o valor de troca da mercadoria força de trabalho no mercado e o produto de seu uso durante o processo produtivo.

Não fosse o mais-valor explicado pelo resultado da diferença entre valor de troca e valor de uso da força de trabalho, muito apropriadamente, ele o seria pelo "tempo de trabalho necessário" à produção e reprodução do trabalhador. É um fato claro como o dia que os frutos do trabalho não retornam para o trabalhador assalariado, ou seja, o valor é produzido socialmente, mas apropriado de forma privada. Tudo que cabe ao trabalhador como resultado da utilização de sua força de trabalho é a sua reprodução individual e social. Algum grau acima dessa condição foi conquistado somente por meio de muita luta da classe trabalhadora contra sua total exploração. No entanto, a luta entre o conjunto dos capitalistas e o conjunto dos trabalhadores, representa uma antinomia, como tão bem demonstrou Marx (2017a), ou seja, "entre direitos iguais, quem decide é força". Então, como a força é um monopólio do Estado e como este é um Estado comandado de forma capitalista, o grau civilizatório que pode ser atingido pelo capitalismo será sempre limitado pela remuneração da força de trabalho em torno de um valor que gira ao redor do tempo de trabalho necessário" a produção e reprodução do trabalhador. Em outras palavras, é um grau civilizatório no qual as relações sociais entre os indivíduos singulares, acontece a partir de uma sociabilidade que sempre envolve formas de exploração, dominação e expropriação.

Marx, ainda, no livro I, nos apresenta uma terceira forma de explicar porque os frutos de trabalho não retornam para o trabalhador assalariado. Trata-se da "influência que o aumento do capital exerce sobre o destino da classe trabalhadora", que ele analisa no capítulo 23, "A lei geral da acumulação capitalista". Sendo a produção de mais-valor a lei a absoluta do modo de produção capitalista, a forma de sua reprodução implica sempre, e de forma continuada, a reprodução própria da relação capitalista; "capitalistas de um lado, assalariados de outro".

> Na realidade, portanto, a lei da acumulação capitalista, mistificada numa lei da natureza, expressa apenas que a natureza dessa acumulação exclui toda a diminuição no grau de exploração do trabalho ou toda elevação do preço do trabalho que possa ameaçar seriamente a reprodução constante da relação capitalista, sua reprodução em escala sempre ampliada. E não poderia ser diferente, num modo de produção em que o trabalhador serve às necessidades de valorização de valores existentes, em vez de a riqueza

objetiva servir às necessidades de desenvolvimento do trabalhador. Assim como na religião o homem é dominado pelo produto de sua própria cabeça, na produção capitalista ele o é pelo produto de suas próprias mãos (MARX, 2017a, p. 697).

Se nossa afirmação para a formação do mais-valor estiver correta (tanto a partir "tempo de trabalho necessário" à produção e reprodução do trabalhador, quanto da "lei geral da acumulação capitalista"), a teoria do mais-valor ganha uma amplitude muito maior do que a pensada originalmente pelo próprio Marx. Primeiro, porque o mais-valor se desvincula do valor, ou seja, o mais-valor se autonomiza. Segundo, porque o mais-valor passa a existir em qualquer atividade econômica que tenha como base o trabalho assalariado, independente dessa atividade ser considerada produtiva ou improdutiva. Dessa perspectiva, o mais-valor não é mais uma questão do capital ser considerado produtivo, é uma questão da própria existência do salário como forma de remuneração do fator trabalho.

Por esse raciocínio a diferença entre preço de custo e valor assume outra dimensão, pois o mais-valor deixa de ser uma adição e passa a ser uma taxa representada no próprio capital variável; se essa taxa se realizará integralmente ou não somente a esfera da circulação pode confirmar. Logo, $M = c + v + (m/v) \times v$, ou seja, a taxa de mais-valia é intrínseca a própria existência de v. O lucro passa a ser dado por $l = v \times (m/v)$, e, como na fórmula original, varia diretamente com a magnitude do mais-valor.

Marx, no capítulo 3, "Relação entre a taxa de lucro e a taxa de mais-valor", do livro III, de O capital, definiu a taxa de lucro como a relação entre o mais-valor e o capital total (m/C). Mas, ao proceder dessa forma ele já define o lucro como elemento interno, quando na verdade sua formação ocorre somente via circulação. Além disso, sabemos que o mais-valor é resultado exclusivamente do trabalho assalariado. Se quisermos determinar uma taxa de lucro interna devemos relacioná-la diretamente a uma taxa de mais-valor, como fizemos na última fórmula, $l = v \times (m/v)$. Assim, as variações em l passam a depender não da relação (m/C), mas da própria taxa de mais-valor. Assim, não existe um mais-valor e um lucro, eles serão sempre iguais no interior do processo. Se,

$$v = 100 \text{ e } m = 100, \text{ logo, } l = 100 \times (100/100) = 100;$$

$$v = 50 \text{ e } m = 100, \text{ logo, } l = 50 \times (100/50) = 100$$

$$v = 25 \text{ e } m = 100, \text{ logo, } l = 25 \times (100/25) = 100.$$

Pelo raciocínio de Marx é como se tivéssemos duas taxas de lucro, uma interna e outra externa. Para dar coerência a formulação temos que eliminar uma delas. Não podemos ter ao mesmo tempo um lucro interno, que necessariamente tem de corresponder ao mais-valor, e, um lucro externo, que corresponde a realização do lucro interno na esfera da circulação.

Dessa perspectiva, também, a questão de que as mercadorias são ou não vendidas pelos seus valores perde sentido. Tudo o que importa considerar é que a produção capitalista se realiza a partir da exploração do trabalho assalariado. Pois, apesar de existir uma relação entre valor e preço de mercado, essa é uma relação externa a própria geração do valor, o qual funciona como fundamento, mas para o qual os preços e suas variações, apresentam-se quase que exclusivamente de forma autônoma, via processo de concorrência ou situações de monopólio.

A principal implicação da autonomização do mais-valor do valor é que não há mais necessidade de uma "taxa média geral de lucro" para a apropriação do mais-valor entre as diversas frações dos capitais em função. Embora, ainda, seja correto afirmar que exista transferência de mais-valor de uma esfera de capital para outra. O lucro realizado na esfera da produção apresenta-se, então, como um processo de ajuste entre os diferentes graus de exploração da força de trabalho nos diversos setores econômicos da sociedade. A afirmação de Marx de "[...] cada capital investido, seja qual for sua composição, extrai de cada 100, num ano ou em outro intervalo de tempo, o lucro que nesse período corresponde a 100 como alíquota do capital total [...]" (MARX, 2017b, p. 193), fica, assim, comprometida.

Por essa ótica, não há necessidade que os preços de mercado das mercadorias correspondam diretamente aos seus valores, pois funcionam como instâncias distintas, apesar de relacionadas, de determinação, respectivamente, de preços de mercado (através da concorrência) e de grau de exploração da força de trabalho. Portanto, o problema da transformação de valores em preços se apresenta praticamente como um falso problema e, ainda, não contribui para pensar formas de superação do capitalismo. Se a produção de valor é tanto a sua produção quanto a produção de mais-valor, tudo o que importa é o quanto desse mais-valor será realizado no mercado através da concorrência.

Veja que essa proposição não nega a lei do valor trabalho, tampouco nega a troca de equivalentes no mercado. Pois, o valor é determinado pelo tempo de trabalho (passado e presente) e as trocas figuram apenas como ajustes entre os vários tempos de trabalho de todos os ramos da economia. Na troca entre capitalista e trabalhador assalariado eles estão trocando equivalentes (salário por força de trabalho), no entanto, do ponto de vista do valor é uma troca de não equivalentes, pois o valor de uso da força de trabalho é um aspecto real e não apenas uma ficção como a realizada na esfera da circulação. O princípio da equivalência é, portanto, ao mesmo tempo da equivalência e da não equivalência. Não é uma contradição em si, mas uma forma dialética de estabelecer o princípio. Se assim o é, todas as trocas são ao mesmo tempo troca de equivalentes e troca de não equivalentes. Todas as demais mercadorias além da força de trabalho devem ser assim também compreendidas. É nesse aspecto que a transformação de valores em preços se apresenta como um falso problema. Todas as mercadorias contêm trabalho pago e não pago, logo, todas as mercadorias possuem valor e mais-valor. Os preços estabelecidos no mercado realizam valor e, em proporções diferentes, dependendo das condições de concorrência, de monopólio ou de composição orgânica do capital, mais-valor. Conclui-se que os valores não necessariamente correspondem aos preços, embora funcionem como fundamento dos mesmos.

A lei do valor-trabalho assume uma dimensão muito maior que a pensada pelos clássicos e pelo próprio Marx. A distinção entre trabalho produtivo e improdutivo é anulada em favor da ideia de trabalho e mais-trabalho. Trabalho como necessidade de produção e reprodução das condições diárias de existência e, mais-trabalho, como excedente econômico.

Como nos clássicos existiu uma confusão entre trabalho e força de trabalho, em Marx, também, parece existir uma certa confusão entre valor e mais-valor. Tal confusão parece ter como origem tanto a distinção entre o que é trabalho produtivo e improdutivo quanto a ideia de capital produtivo. Se o capital é uma relação social específica entre capitalistas e trabalhadores e, se o mais-valor é originado do trabalho não pago e, ainda, considerando que todo trabalho assalariado representa uma subtração do trabalhador de parte de seu produto social; logo, qualquer trabalho assalariado em qualquer ramo de atividade econômica gera mais-valor. Ou seja, o mais-valor é uma forma de existência que perpassa o capital produtivo, sendo resultado de qualquer forma de capital. Não é porque o capital mercantil refere-se a esfera da circulação que ele não poderá gerar mais-valor. O processo de circulação certamente, como demonstrou Marx, não gera nenhum valor. Mas, o capital mercantil, assim como o capital fictício, em termos de existência, são setores nos quais estão presentes tanto o trabalho quanto o mais-trabalho; logo, apesar de não produzirem valor, extraem diretamente mais-valor da relação trabalho/mais-trabalho.

Nesse aspecto, a teoria do valor-trabalho se torna muito mais geral, de forma que a relação entre trabalho e valor perpassa o princípio da troca de equivalentes. Na economia contemporânea, diante da microeletrônica, dos algoritmos, enfim, das novas tecnologias da informação, uma pequena quantidade de trabalho torna-se capaz de gerar um grande valor e, ainda, servir de condutor para geração de outras massas de valor por outros diversos setores econômicos. Mesmo no ramo industrial, no capital tido como produtivo, o valor é produzido, por cada vez menos trabalhadores, devido as características tanto do próprio trabalho quanto dos meios de produção e de organização digitalizados. Portanto, a relação entre valor e trabalho foi totalmente transformada, mas isso de forma nenhuma invalida a lei do valor-trabalho, pelo contrário, amplia o seu poder enquanto categoria de análise da economia capitalista. Lembrando que a separação do valor e do mais-valor consiste de duas dimensões: 1) trabalho pago e trabalho não pago; e 2) automação de base tecnológica digital. Instâncias que se reforçam mutuamente.

Uma das consequências mais importantes das transformações acima descritas é a autonomização da acumulação frente à produção de mercadorias. Dessa forma, a própria produção do valor passa a ser um elemento secundário, toda a atenção volta-se a formas de extrair mais-valor. Pois, o próprio trabalho morto corporificado no setor tecnológico produz mais-valor de forma autônoma.

O avanço da financeirização, nas duas últimas décadas do século XX, trouxe muita instabilidade ao capitalismo. Todavia, conforme destaca Chesnais (2002, p. 2), "[...] o advento dessa forma de capital fez-se acompanhar da formação de configurações sistêmicas novas e de encadeamentos macroeconômicos e macrossociais inéditos [...]". Na década de 1990, o setor financeiro superou o setor manufatureiro, no sentido de que se generalizou uma maior percepção a respeito do peso e da influência dos ativos financeiros nas economias modernas. A composição da riqueza social, tanto de famílias quanto de empresas, sofreu importante mutação com a velocidade do crescimento dos haveres monetários.

Movimento que resultou de uma forte tendência à financeirização e ao rentismo e que não está confinado às fronteiras nacionais. Processo que estabelece a autonomização do juro perante o lucro e no qual a relação-capital assume sua forma mais alienada e mais fetichista, conforme nos explica Marx. Por isso, "[...] em vez de superar o antagonismo entre o caráter social da riqueza e a riqueza privada [forma de sua apropriação], limita-se a desenvolvê-la sob uma nova configuração." (MARX, 2017b, p. 498)

Nessa nova configuração do capital e do capitalismo, os desdobramentos da última revolução tecnológica, das duas primeiras décadas do século XXI, atuaram de duas formas a saber: 1) fornecer estabilidade ao novo padrão de riqueza e ao sistema, através das Big Tech e demais empresas de base tecnológica; e 2) garantir continuidade ao processo de acumulação ampliada de capital no capitalismo financeirizado. Daí, nossa denominação de capitalismo digital-financeiro-de-vigilância. Como nos esclarece os autores Goldberg e Akimoto, (2021, l. 1294)

[...] capitalismo de vigilância não é tecnologia; é uma lógica que se infiltra na tecnologia e que a comanda para ação. (...) O digital pode tomar muitas formas, a depender das lógicas econômicas e sociais que o trazem à vida. (...) Que o capitalismo seja uma lógica em ação, não uma tecnologia é um ponto vital porque o capitalismo de vigilância que nos fazer crer que suas práticas são apenas expressões inevitáveis das tecnologias por ele empregadas.

Assim, denominamos de autonomização da autodeterminação do capital o processo que resulta da interação entre financeirização e digitalização da economia, do qual se origina uma nova lógica de acumulação, que abre novas fronteiras para a continuidade do capitalismo, enquanto modo de produção dominante.

Há muito, o capitalismo, certamente, criou as condições que Marx afirmara como "tendência histórica da acumulação capitalista", no capítulo 24 do livro I, de O capital: da "expropriação dos expropriadores". No entanto, não sucumbiu a elas. Pelo contrário, em apenas 154 anos, após a publicação de O Capital, essa organização social foi capaz de criar novas formas de geração de valor, novas dinâmicas de acumulação, novas relações sociais de expropriação e de exploração do trabalho, que colocaram em risco a própria existência humana e o próprio planeta. Pelo poder alcançado pelo capital com o capitalismo digital-financeiro-de-vigilância, talvez nunca passemos da pré-história humana, no sentido humanista do próprio Marx. Para ele o capitalismo seria o último estágio de nossa pré-história, marcada sempre pela exploração do homem pelo homem, e o início de nossa verdadeira história, levada a cabo por uma classe destituída de tudo ("uma classe da sociedade civil que não seja uma classe da sociedade civil") e, justamente por isso, plenamente capaz de humanidade, de realização da emancipação humana universal. Porque para Marx (2010, p. 54), "toda emancipação é redução do mundo humano e suas relações ao próprio homem", ou seja, a superação de sua alienação frente à religião, ao Estado e a economia. Enfim, como de forma extraordinária sintetizou Reinaldo Carcanholo, na sua apresentação da obra de Marx, "Contribuição à crítica da economia política" (2008, p. 14): "[...] abrir-se-iam, assim, as possibilidades de superação da violência contra a verdadeira natureza humana, de superação da alienação e do trabalho alienado. Vislumbrar-se-ia o surgimento de uma sociedade a ser organizada sobre a base do trabalho criativo e que garantiria a realização plena do ser humano".

Até agora todas as tentativas falharam em conter o capitalismo e a crescente ampliação de seu poder destrutivo. O Estado e a democracia, que exerceram forças contra-arrestantes de grande importância ao longo do século XX, se mostram cada vez mais impotentes diante das novas formas de valor e do processo de valorização. A onda neoliberal e a financeirização da riqueza escancararam de vez o domínio do capital sobre o Estado. A democracia tanto agoniza como é manipulada, conduzida para onde os interesses do capital bem entendem. Tivemos ainda uma experiência socialista desastrosa que se enraizou de tal forma no inconsciente coletivo, criando e alimentando um estigma altamente negativo, que torna praticamente inviável qualquer outra tentativa nesse sentido. As organizações da classe trabalhadora, tão fundamentais na contenção do poder do capital, na segunda metade do século XIX, e até o último quartel do século XX, foram destruídas ou esvaziadas. A própria classe trabalhadora foi dividida e fragilizada, entre: (1) assalariados superiores (executivos e afins); (2) assalariados inferiores (funcionários públicos, por exemplo); (3) não assalariados, mas empregados via aplicativos (Uber e outros); e (4) não assalariados, nem necessários, nem reconhecidos como parte da sociedade, ou nem sequer exército industrial de reserva.

A fé da sociedade na ciência, como forma de humanização ou de instrumento com fins civilizatórios, que figurava como uma esperança, ainda que tênue até o final do século XX, hoje se mostra cada vez mais como um instrumento sofisticado de esticar ao máximo o conformismo social para o mundo que criamos. A transformação da ciência não só em mercadoria, mas em capital, conferiu a este um poder praticamente sem limites.

A destruição do mundo do trabalho

O capitalismo digital-financeiro-de-vigilância impacta o mundo do trabalho de três formas, a saber: (1) reorganização da força de trabalho através da inclusão de uma nova categoria (trabalhadores de aplicativos) que está à margem de qualquer direito trabalhista; (2) como consequência do primeiro, estabelece novas relações de trabalho com grau de exploração maior que o próprio trabalho assalariado; e (3) aumenta o sedimento mais baixo da superpopulação relativa que habita o pauperismo, mesmo para os mais aptos ao trabalho, lançados de forma definitiva à informalidade pelas novas tecnologias e pelo novo padrão de automação da indústria 4.0 (que tanto poupam força de trabalho quanto usam de forma crescente robôs para executar as mais diversas atividades antes realizadas por humanos).

Nesse contexto, não está em questão somente a desvalorização da capacidade de trabalho de um grande conjunto de atividades humanas, tampouco apenas a substituição parcial da força de trabalho pela máquina. A era do capitalismo digital-financeiro implica a completa possibilidade da substituição do trabalhador vivo pela máquina, consequentemente, uma completa destruição do mundo do trabalho como o conhecemos. O aspecto mais intrigante desse processo é que ele pode não enredar a destruição do processo de acumulação de capital. Tal é sua contradição (acumulação desvinculada do processo de trabalho propriamente dito)! Ao invés desse processo representar a completa destruição do capitalismo, parece prover novos meios ao movimento da acumulação, através da autonomização da autodeterminação do capital. De forma geral, a autonomização da autodeterminação do capital é o processo que resulta da interação entre financeirização e digitalização da economia, do qual se origina uma nova lógica de acumulação, que abre novas fronteiras para a continuidade do capitalismo, enquanto modo de produção dominante.

Alguns exemplos do ex-mundo do trabalho. O McDonald's, a gigante do *fast-food*, começou a testar um dispositivo de inteligência artificial (IA) em 10 restaurantes na cidade de Chicago, nos EUA, que substitui atendentes humanos do drive-*thru* por *bots*. Outro exemplo, ainda no setor de alimentação, mostra que tal substituição está acontecendo não só no setor de atendimento, mas também na própria produção. O *Brooklyn Dumpling Shop* é um fast-food que abriu as portas recentemente (2021), no Brooklyn,e opera de forma automática, com contato humano zero. O cliente não encontra ninguém ao entrar na loja, o pedido e o pagamento são realizados por meio de um totem, a comida é totalmente feita por uma máquina chamada "monstro", capaz de produzir 30 mil unidades por hora, depois colocada em um armário que o cliente libera com um código de barras (UOL, 03/06/2021).

Outra reportagem, também do UOL, de 30/04/2021, traz como título "Sem pedreiro: casal vai viver na 1ª casa feita por impressora 3D na Europa". A primeira casa europeia produzida quase que inteiramente em 3D, fica no sul da Holanda, em Eindhoven, e foi construída com 24 peças de concreto impressas por uma máquina, dispensando pedreiros e um conjunto de materiais e estruturas, antes necessárias para a construção convencional de uma casa.

Enquanto isso, na Grande São Paulo:

> Formado em marketing, Claudio Francisco de Carvalho Junior, 37, faz entregas por aplicativo na cidade de São Paulo há um ano. Ele atua em uma área nobre do centro expandido da capital — passando pela Paulista, Aclimação, Bom Retiro, Barra Funda, Perdizes e Pompeia [...] No início da pandemia de covid-19, Carvalho encontrou no delivery uma oportunidade para se manter. Hoje, conta que as dificuldades são muitas, desde situações delicadas no trânsito, a pressão para a entrega rápida, passando por uma remuneração que chega perto da dignidade só se as jornadas passarem de 12 horas diárias [...] Os motoboys David, 27, e Francisco, 31, [...] viraram entregadores de comida por causa da pandemia [...]

> Sem rumo e sem dinheiro, compraram suas motos, baixaram um aplicativo de delivery e, desde então, saem da zona leste da cidade todos os dias em direção ao centro da capital [...]

> Os entregadores de aplicativos não são contratados formalmente. Por isso, não recebem benefícios como vale-refeição ou plano de saúde [...] Segundo estimativa do Sindmoto (Sindicato dos Mensageiros Motociclistas, Ciclistas e Moto-Taxistas do Estado de São Paulo):
>
> • A cidade de São Paulo tem em torno de 320 mil motociclistas.
>
> • No estado, são 650 mil.
>
> A entidade calcula que houve aumento de 20% a 25% no número de motociclistas que passaram a atuar profissionalmente com entregas e outros serviços neste ano, na comparação com 2020 (UOL, 06/2021).

A realização de tarefas por máquinas e algoritmos vai mais além. A Amazon, por exemplo, vem substituindo o seu setor de RH por robôs, "[...] não apenas para gerenciar funcionários em seus depósitos, mas para supervisionar motoristas contratados, empresas de entrega independentes e até mesmo o desempenho de seus funcionários de escritório" (O GLOBO, 28/06/2021). O curioso é que a matéria da qual foi extraída esta citação tem como título "'Fui despedido por um robô': como a Amazon deixa máquinas decidirem destino dos trabalhadores". Ela conta a história de Stephen Normandin que foi demitido via um e-mail automático.

> O veterano do Exército de 63 anos ficou pasmo. Ele havia sido despedido por uma máquina. Normandin diz que a Amazon o puniu por coisas além de seu controle que o impediram de concluir suas entregas, como complexos de apartamentos fechados com chave. 'Eu sou o tipo de cara da velha escola e dou 100% de mim em cada trabalho', disse ele. 'Isso realmente me chateou porque estamos falando sobre minha reputação. Eles dizem que eu não fiz o trabalho, quando sei muito bem que fiz'. Na **Amazon**, as máquinas costumam ser o chefe — contratando, avaliando e demitindo milhões de pessoas com pouca ou nenhuma supervisão humana (O GLOBO, 28/06/2021).

Além das linhas de produção dos setores mais dinâmicos da economia mundial, muitas outras atividades já se tornaram praticamente robotizadas, tais como atendimento de *call center*, consultores financeiros, de vendas e de *marketing*, até lojas comerciais, como a *Amazon Go*. Esta última utiliza uma tecnologia denominada de *Just Walk Out Shopping*, mesmo tipo de tecnologias usada em carros autônomos.

Sobre os escombros do mundo do trabalho se ergue um capitalismo imparável e ao mesmo tempo autodestrutivo. No entanto, esta autodestruição pode não implicar, necessariamente, sua substituição por outra forma de organização social. Pode, sim, no limite significar a própria aniquilação da vida humana na terra.

No limite, ainda, parece mesmo que estamos construindo um mundo pelas máquinas e para as máquinas. Até parece, também, que nós humanos e a natureza de forma geral somos apenas inputs agora necessários, mas que seremos ao seu tempo elementos descartáveis desse processo. No intermédio, estamos caminhando para tornar real uma obra de ficção apocalíptica. Entre tantas outras, lembramos de *Elysium*, um longa-metragem de 2013, do diretor Neill Blomkamp. Apesar de constituir apenas uma obra de entretenimento à moda *hollywoodiana*, talvez tenha capturado o sentido e a direção que pode tomar a sociedade do capital. Nele, a terra do século XXII não passará de um grande lixão, ainda miseravelmente habitável pelos tantos que foram deixados para trás. Uma seleta parte da humanidade irá viver em abundância, paz e beleza, em um satélite artificial, totalmente robotizado, criado para ser um verdadeiro paraíso.

Pelo poder alcançado pelo capital com o capitalismo digital-financeiro-de-vigilância, talvez nunca passemos da pré-história humana, no sentido humanista do próprio Marx. A transformação da ciência não só em mercadoria, mas em capital, conferiu a este um poder praticamente sem limites.

Desde que o *Homo sapiens arcaico* iniciou sua evolução há cerca de 200 mil anos a humanidade não deu um passo sequer em direção a ela mesma. O capital representa nesse processo o ápice de uma construção social que nega nós mesmos enquanto seres racionais, mas mesmo assim erguida através do roubo de milhares de vida no decorrer do tempo histórico. Todo trabalho acumulado, toda tecnologia desenvolvida, todas as mercadorias produzidas, não foram suficientes para nos mostrar que cada vida importa, nessa nossa curta existência coletiva terrena.

De que importa o grau de educação, de saúde, as

grandes cidades, a quantidade e a diversidade de produtos, a sofisticação tecnológica que alcançamos, se não nos tratamos como iguais! Se não nos respeitamos como seres iguais! Se não repartimos os frutos do trabalho social como iguais! Se destruímos com tanta avidez o meio que preserva nossa própria existência!

Nesse sentido, a nossa capacidade de raciocínio, de planejar, projetar e executar, parece que não serviu para eliminar a violência como forma animal da nossa existência, tão somente serviu para executá-la com requintes de crueldade cada vez mais sofisticados. Movidos por motivos de crença, raça, poder, misoginia, xenofobia, riqueza, ciência, etc., promoveram-se as mais horríveis e grandiosas violências, como as cruzadas, o escravismo capitalista, o nazismo, o neoliberalismo, etc., etc., etc.

O século XX apresenta-se emblemático para a humanidade. Pois, em apenas um século, criamos a capacidade de destruir milhares de anos da existência humana e de sua história. O anúncio foi feito, em 1945, com a explosão da bomba nuclear em Hiroshima. Por sua vez, a guerra fria fez proliferar armas nucleares como cogumelos. A economia e a ciência promoveram uma devastação contínua na terra, nos rios, oceanos, modificando a própria biosfera do planeta. A mundialização do capital, sua digitalização, e a forma política criada para sua gestão – o neoliberalismo, fizeram as democracias derretem tal como açúcar na água, completou a transformação da política em negócio, por sinal muito lucrativo, separando-a de vez da sociedade. Não há desenvolvimento descontrolado das ciências e das técnicas. Pelo contrário, as ciências e as técnicas se tornaram formas capitais da acumulação pela acumulação, autonomizando completamente o capital dos conteúdos da vida. A regressão política e social a qual estamos imersos talvez tenha um significado maior; da criação mesmo de uma nova sociedade. Não de liberdade, igualdade e justiça para toda a humanidade, talvez tão somente para o pequeno grupo que conseguir deixar o planeta terra antes do seu esgotamento total.

Como o saudoso Raul Seixas cantava em "ouro de tolo", "eu é que não me sento no trono de um apartamento com a boca escancarada cheia de dentes esperando a morte chegar". Eu existo, penso, escrevo e denuncio sobre a nossa condição. E mesmo me sentido abraçado pelo vazio, pois se você não conseguir uma "reserva" nunca que poderá jantar no restaurante do meio científico, eu continuo.

Todavia, esperar que o "capital" altere sua consciência e sua fome de lucro (que capitalistas, de forma geral, percebam de alguma forma que cada vida importa), parece ser o mesmo que acreditar que a história humana não tenha sido construída sobre a exploração, a expropriação do trabalho e de seus frutos, de muitos por poucos. Nesse sentido, o capitalismo não seria, como pensava Marx, um ponto de inflexão dessa trajetória, mas o coroamento da única forma de sociabilidade possível ao longo de toda história humana, baseada justamente na exploração, expropriação e predação.

Gostaria de terminar de forma otimista. Todavia, parece não existir mais forças humanas e sociais suficientes para frear o poder destrutivo do capital, tão brutal quanto o da própria natureza. As leis de movimento do capital adquiriram tanta inércia que não há mais nada que possa se opor a sua velocidade e trajetória. No limite, a destruição da humanidade. No intermédio, duas formas de sociedade fisicamente separadas. Uma rica e tecnologicamente sofisticada (quem sabe em outro planeta), outra miserável, ambientalmente destruída e vivendo das sobras e descartes tecnológicos da primeira. Eis, aí, o nosso "admirável mundo novo" a caminho da realidade. O capitalismo pode não ser o fim da história, mas pode muito bem ser a história do fim. Ver nossas alternativas de enfrentamento se tornando cada vez exíguas é muito desalentador, mas enquanto houver vida devemos seguir lutando. Todavia, o exclusivismo científico (segregação de pesquisadores por grupo de pesquisa, instituição, região) e a soberba acadêmica (a ciência acima da sociedade e do seu cotidiano) somente adicionam um grau a mais nesse desalento.

Referências

CHESNAIS, François. A teoria do regime de acumulação financeirizado: conteúdo, alcance e interrogações. Economia e Sociedade, Campinas, v. 11, n. 1 (18), p. 1-44, jan./jun. 2002.

GOLDBERG, Leonardo; AKIMOTO, Claudio. O sujeito na era digital: ensaios sobre psicanálise, pandemia e história. São Paulo: Edições 70, 2021. (formato kindle).

MARX, Karl. Contribuição à crítica da economia política. 2.ed. São Paulo: Expressão Popular, 2008.

______. O capital: crítica da economia política. Livro I: o processo de produção do capital. 2ª ed. São Paulo: Boitempo, 2017.

________. O capital: crítica da economia política. Livro III: o processo global da produção capitalista. São Paulo: Boitempo, 2017b.

________. Sobre a questão judaica. São Paulo: Boitempo, 2010.

O GLOBO. 'Fui despedido por um robô': como a Amazon deixa máquinas decidirem destino dos trabalhadores. Publicado em 28/06/2021). Disponível em: https://oglobo.globo.com/economia/tecnologia/fui-despedido-por-um-robo-como-amazon-deixa-maquinas-decidirem-destino-dos-trabalhadores-25079925.

UOL. "Almoçar é uma raridade". Reportagem de Leonardo Martins e Maria Tereza Cruz (Texto) e Tommaso Protti (Fotos). Publicado em 06/2021. Disponível em:

https://noticias.uol.com.br/reportagens-especiais/desigualdade-na-pandemia—-na-rua-e-com-fome/#cover.

UOL. "Robô 'monstro' produz 500 refeições por minuto em novo fast-food de NY". Publicado em 03/06/2021. Disponível em: https://www.uol.com.br/nossa/noticias/redacao/2021/06/03/novo-fast-food-automatico-produz-500-dumplings-por-minuto-sem-funcionarios.htm?cmpid=copiaecola.

UOL. "Sem pedreiro: casal vai viver na 1ª casa feita por impressora 3D na Europa". Publicado em 30/04/2021. Disponível em: https://www.uol.com.br/tilt/noticias/redacao/2021/04/30/sem-pedreiro-casal-vai-viver-em-casa-totalmente-feita-por-impressora-3d.htm?cmpid=copiaecola.